जुन्हाई

समर फ़ातमा

ISBN 979-888521857-3

क्रम-सूची

क्रम-सूची

क्रम-सूची

जुन्हाई

समर फ़ातमा

डी० बी०
पब्लिकेशन हाउस

समर फ़ातमा बिहार से ताल्लुक़ रखतीं हैं।उनका आबाई वतन सिवान है। उनके परिवार में उनके दो भाई और वालदाह हैं । वो जब बहोत छोटी थी तो ही उनके वालिद का इंतेक़ाल हो गया था। उसके बाद वो अपने ननिहाल मोतीपुर आ गईं थी और अपनी मुक़म्मल तालीम (ग्रेजुएट) अपने ननिहाल से ही हासिल की। उनके दोनों भाई माशाल्लाह से इंजीनियर हैं और उनकी वालदाह टीचर हैं। फ़ातमा अपने खानदान की एकलौती राइटर हैं जिन्होंने ख़ुदको सबसे अलग साबित किया है उनके इस तरक़्क़ी में उनकी वालदाह और भाइयों का भरपूर साथ मिला। फ़ातमा तखियानुसी सोच को पीछे छोड़ कर नई सोच को एक नई रौशनी देना बेहतर समझा है वो आने वाली पीढ़ियों के लिए एक मिसाल बन चुकी हैं।

1. बलाएँ ले लेतीं

बलाएँ ले लेतीं है अपने बच्चों की
वो जो माँ है ना बस दुआएँ देती है।

2. वबा है या

ये वबा है या कुछ और है
क्यूँ आया ये मरने का दौर है।
हालात बहोत बिगड़ रहें हैं
अस्पतालों में भी शोर है।
हर रोज़ कई मर रहे हैं
आज हम तो कल कोई और है।
एहतियात बरतें दूरियां बनाए रखें
ना ही दूजा कोई इसका तोड़ है।

3. तहों में छिपा रखी

कई तहों में छिपा रखी थी मैने
ज़िंदगी की हाँ वही पुरानी किताब !
जब पढ़ा तुमने मुझे हर्फ़ -हर्फ़ तो
बिखर पड़े मेरे ये बेबाक़ जज़्बात !
कुछ हाल-ए-ज़िन्दगी तुमने भी सुनाया
तो कुछ ठहर गए मेरे लबों पर भी बात !
थोड़े उदास हम भी है और तुम भी हो सुनो
ढल ही जाएगी ये अमावस की काली रात !

4. उम्र सफ़र में गुज़रती रही

एक उम्र सफ़र में गुज़रती रही
मैं ख़ुद ही ख़ुद को सँवारती रही!
मुफ़लिसी रास आगई थी मुझको
मैं अपनी मंज़िल से भागती रही !
उस शख़्स के कई हक़दार हो गए
जिसके जान का सदक़ा मैं उतारती रही!
वो आया तक नही मेरे जनाज़े में
जिसके लिए ताउम्र मैं दुआ माँगती रही!

5. उन रातों को

उन रातों को एकत्रित कर लिया है मैने
ठीक अपनी आँखों से ज़रा नीचे
जिन रातों को मैं सो ना सकी
उन पंखुड़ियों को रख लिया है मैने
अपनी पुरानी डायरी के भीतर
जिन गुलाबो को मैं तुम्हे कभी दे ना सकी।।
अधर को मौन कर लिया है मैने
पन्नो पर बिखेर भावनाओं को अपने
जो मैं तुमसे कभी कह ना सकी।।
तेरे स्पर्श से सुगंधित हो उठा था वो तेरा रुमाल भी
हाँ वही बिछड़ते वक़्त जो तुमसे छूट गया था
मगर उसे मैं तुम्हे कभी लौटा ना सकी।।
तुझे जब जब देखा किसी और के साथ
आँखों में अश्रूओं का समुन्दर रहा
पर बेकसी ऐसी के उसको बहा ना सकी।।

6. किसानो के साथ हूँ

मैं किसानो के साथ हूँ
इसमे ना कोई दो राय है!
वही तो अन्नदाता हैं
असल में वही तो विधाता है!
चाहता तो छोर देता किसानी
उसका भी क्या जाता है!
मैं समर्थन नही करती सरकार का
वो नही समझता हिस्सा उन्हें परिवार का!
करते हैं वो निस्वार्थ मेहनत
नही लेते वो कभी मज़ा इतवार का!
बात आई जब उनके उन्ही के हक़ की
कियूं नही मिलता फल उन्हें उनके परोपकार का!

7. एक दूजे से

एक दूजे से दूर हो के
हालातों से मजबूर हो के!
मैं टूटती रही हूँ अक्सर
ग़मो से चूर चूर हो के !
नही मिलता कोई पुर-ख़ुलूस हो के
रहते हैं सब अपने में मग़रूर हो के!
बस यही तो मिलता है साहब
इश्क़ में मशहूर हो के !

8. आज़ाद नही

आज़ादी के इतने सालों बाद भी
हम आख़िर कियूं आज़ाद नही..!
तुम धोनी हो शाहरुख हो कोई फ़र्क़ नही
तुमहे तो हारने का कोई हक़ नही..!
तुम्हारे फैंस तुम्हारी हार पर आतंक मचाएंगे
घर वालों को भी लपेटे में ले आएंगे..!
कब तक आज ये लुटी कल वो जलेगी
मानो ये कोई बड़ी बात ही नही..!
हरकतें कियूं इतनी ओछी हो गई
मानसिकता कियूं इतनी छोटी हो गई..!
अंगो के आधार पर
उम्र के हर कगार पर...!
कब तलक ख़ुद को बचा पाएंगी
जो छोटी बच्चियाँ हैं वो आख़िर कहाँ जाएंगी..!
जो मासूम और नासमझ है,
दुनियां के नज़रिए से जो बेख़बर है...!
माफ़ करना इस देश की बेटियाँ
ये हैवानियत भरी दुनियां तुम्हारी नही है...!

9. हर लड़की का सवाल

फिर से दर्द एक और बेटी का अख़बार बन गया है
ये हुस्न फिर से जां का ज़वाल बन गया है!
मैं लड़की ही आख़िर कियूं हूँ....??
ये हर लड़की का सवाल बन गया है!
हिफ़ाज़त की उम्मीद अब करें तो किस्से करें
यहाँ तो पुलिस और सरकार का गुंडा-राज बन गया है!
जो उठ रहीं हैं आवाज़े इंसाफ के ख़ातिर
उन्हें दबाना ही सरकार का कारोबार बन गया है!

10. आशियानें की तलब

मुझे आशियानें की तलब थी
वो घर जलाने में लगा था !
मैं जिसे बनाने में लगी थी
वो मुझको ही मिटाने में लगा था !
मैं उसकी गलतियां माफ़ करती रही
वो मेरी कमियाँ गिनाने में लगा था !
मैं सब छोड़ कर उसमें लगी थी
वो मुझे छोड़ ज़माने में लगा था !

11. सब कुछ बताना है

अब मुझे उसको सब कुछ बताना है
मोहब्बत कितनी है उससे उसे दिखाना है !
मुझे खुश देख कर ही वो जीता है
उसके लिए तो ग़म में भी अब मुस्कुराना है !
हाँ उसे खोने का डर बड़ा सताता है
मिले वो तो बस सीने से लग जाना है !
आएँगी कुछ अर्चने हमारे रिश्तों में ज़रूर
गुज़र उनसे मैं तुम को हम हो जाना है !
खोकर उसमें उसकी आँखों में उतर जाना है
बनके शरीक़_ए_हयात संग ज़िन्दगी बिताना है!

12. कुछ ख़्वाब

कुछ ख़्वाब मेरे अधूरे हैं
कोई रात फिर अकेली है!
हाँ मैं तन्हा नही
तन्हाई मेरी सहेली है!
कुछ टूट टूट के बिखरी हूँ
ज़रा सा ख़ुद में निखरी हूँ!
कुछ बोल मेरे गर अधूरे हैं
आँखों ने उनको किए पूरे हैं!
कुछ ख़्वाब आँखों में पनपे हैं
जैसे पत्तों पे शबनम की बूंदे हैं!
गर कुछ खोया है हमने तो
कुछ पाने की भी चाहत है!
तुम तो पास नही हो मेरे
फिर भी तुमसे कितनी मोहब्बत है!

13. बड़ी क़ीमत चुकाई है

बड़ी क़ीमत चुकाई है
आँसू हमने बेजह तो नही बहाई है !
दूसरों को क्या कहूँ मैं अब
मुझे ख़ुद पर ही हँसी आई है !
ग़मों से ताल्लुक़ात गहरे रहे हैं मेरे
मुझे खुशियाँ भला कब रास आई है !
रातों को जागना मानो आम बात हो
नींदों के आने में भी हरजाई है !

14. नही चाहिए वक़्त

नही चाहिए वक़्त मुझे अब ख़ैरात की तरह
होता ही नही सही वो बिगड़े हालात की तरह!
मैं ख़ुद में अब ज़रा भी नही बची साहब
नोच लिया सबने अपनी ज़रूरियात की तरह!
बेरंग और तन्हा ही रहती हूँ महफिलों में भी
कुतुबख़ाना में पड़ी कोई पुरानी किताब की तरह!
तेरे लहजे की तल्खियां घर कर गईं कुछ इस क़दर
मेरे एक-एक लफ्ज़ चुभते हैं मानो ख़ार की तरह!
सहारा अब किसी से लेना छोड़ ही दिया है मैने
मज़बूत बनाउंगी मैं ख़ुदको शेर की दहाड़ की तरह!

15. वही दोहराया जा रहा

फिर से वही दोहराया जा रहा है
दिल्ली को गुजरात बनाया जा रहा है!
मासूम बच्चों की जान लेकर
उन्हें हिन्दू मुसलमान बताया जा रहा है!
कर के लूटपाट मारपीट
मकानों को भी जलाया जा रहा है!
के छोड़ रहा हूँ सोशल मीडिया
कह कर धयान भटकाया जा रहा है!
नफ़रत है मुझे उन हिन्दू और मुसलमानों से
जिनके द्वारा ज़ात पात का मुद्दा उठाया जा रहा है!

16. दिन भर के क़िस्से

मैं दिन भर के क़िस्से सुनाऊंगी

तो बड़े ग़ौर से सुनेगा

ऐसा कोई मेरा अपना थोड़ी है।

मैं जो कभी रूठ जाऊँगी

तो प्यार से मना लेगा

ऐसा कोई मेरा अपना थोड़ी हैं।

मैं अगर रोऊँगी कभी

तो गले लगा कर चुप करा लेगा

ऐसा कोई मेरा अपना थोड़ी है।

अजीब सा ख़ालीपन महसूस होता है

कोई मेरे लिए वक़्त निकाल लेगा

ऐसा कोई मेरा अपना थोड़ी है।

17. कर आई छलनी में ख़ुद को

कर आई छलनी में ख़ुद को हज़ारों में
बिक गया जिस्म मेरा शरीफों के बाज़ारों में!
हो मेरा ईमान ही जिस्म बेचना गोया
बँट रही हूँ बादशाह फिर उनके सिपहसालारों में!
बरगला मत जाना तुम बाहर पहरे देख कर
पर्दे तो बस यूँ ही पड़े हैं मेरे घर के दीवारों में!
हो अगर तो निकाल लूँ पल मुहब्बत के लिए
कट जाता है वक़्त मेरा निकम्मों और अवारों में!
अब न होता पार दरिया कितने ही हैं भँवर इसमें
मुद्दतें गुज़री हैं मेरी बैठे इसी किनारों में!
थक चूंकि हूँ इल्तिजा कर अपने उस ख़ुदा से मैं
देखना है क़ुव्वत अब ,क्या है टूटते सितारों में!
थकाया न कर हाथों को उठाकर मेरे वास्ते
होता नही असर दुआ का मुफ़लिसों और बेचारों में!
अब न काम आएगा 'ज़ूबिया' तुझे तेरा हुनर
फूल टूटते हैं इश्क़ में और चढ़ जाते हैं मज़ारों में!

18. अभी सीखा था चलना

अभी सीखा था चलना और सफ़र की शाम हो गई
मैं कुछ ना कर पाई नाकाम हो गई !
इक़रार से पहले बड़ा वक़्त बिताता था
मशगूल हूँ अभी,, हाय मैं अब कितनी आम हो गई !
उसको अब कुछ कह भी नही सकती हूँ
उसे देख अब ग़ैरों में,, मेरी ज़िंदगी ही तमाम हो गई !

19. क्या करूँ..?

उसकी याद आए तो..!
क्या करूँ..?
वो बेतहाशा तड़पाये तो..!
क्या करूँ..?
रातों को आँखे अचानक खुल जाए तो..!
क्या करूँ..?
उसकी ज़रूरत हो तो..!
क्या करूँ..?
वो ना आए तो..!
क्या करूँ..?
अपने जो ग़ैर बन जाएँ तो..!
क्या करूँ..?
वो समझता ही नही है..
मेरे लिए क्या है उसकी एहमियत..!
बिन देखे उसको साँसे भी ना आए तो
क्या करूँ..??

20. कभी कुछ ना कहा

कभी कुछ ना कहा मैने सब सहा,
अब मय पिला कर मुझे
मेरी ही ज़ुबाँ से अब लगाम हटा दे कोई!
जब फेर ली है नज़रे उसने
तब कियूं देखतीं हैं उसे,
मेरी आंखों को अब सज़ा दे कोई!
हर दिन कोई ना कोई बस ही जाता है
उसके दिल की नींव अब हिला दे कोई!
बड़ा सस्ता है उसके दिल का किराया
उसपर भारी भड़कम टेक्स अब लगा दे कोई!

21. पुलवामा

पुलवामा
देख कर दहल गया दिल
पुलवामा की ख़ौफ़ज़दह तस्वीर!
लहू लोहान था पूरा मंज़र
दहशतगर्दों के नापाक इरादों
को करने नाकाम!
कई जवान हो गए शहिद!
क्या बीत रही होगी उनपर
जिन्होंने खोया है अपना शौहर
मिट गया मांग का सिंदूर!
क्या बीत रही होगी उस माँ बाप पर
छिन गया जो उनसे उनका बेटा
सहारा था जो उनके बुढ़ापे का!
क्या बीत रही होगी उस बहन पर
जिसका भाई निभा तो गया रक्षा की रीत
पर वो लौट कर वापस ना आ सकेगा!
क्या बीत रही होगी उस सरज़मीं पे
जिनके लाल ख़ुद उसी में समा गए!
मर कर अमर वीर कहला गए!
ये आसान तो नही था
देश के प्रति वो सच्चा प्रेम दिखा गए!

22. इज़्ज़त मान मर्यादा

दे कर वास्ता घर के इज़्ज़त मान मर्यादा का
मेरी रूह को मार मुझमे ही दफ़नाया गया
फिर बड़े शौक़ से मेरे बेजान जिस्म को सजाया गया
बैठा दिया गया मुझे मंडप में किसी अजनबी के साथ
ढ़ोल नगरो संग मेरे अरमानो का मातम मनाया गया
हर मज़हब सबसे पहले सिखाता है मोहब्बत
फिर कियूं मज़ब के नाम पर ही हमे जुदा करवाया गया।

23. वफ़ा लिखना चाहती हूँ

मैं आज वफ़ा लिखना चाहती हूँ
दूरीयों को सज़ा लिखना चाहती हूँ।
वो शख़्स जो हैं ना सब सा नही है
उसे मैं औरों से जुदा लिखना चाहती हूँ।
मुझे नही पसन्द ये बेगैरत नुमाइश
झुकी पलकों को ही अदा लिखना चाहती हूँ।
वो रहे सदा मेरी रूह में शामिल
उसे मैं अपने साँसों में रवां लिखना चाहती हूँ।
मुझे नही शौक़ ज़रा भी शहर शहर भटकूँ
मैं तो उसे ही अपना जहाँ लिखना चाहती हूँ।

24. ईश्क़ मुबारक

तुझे उसका ईश्क़ मुबारक

मुझे तेरी बेवफाई मुबारक!

तुझे तेरा चाँद हो मुबारक

मुझे मेरे चाँद पर लगा ग्रहण मुबारक!

तुझे तेरे लबों की हँसी मुबारक

मुझे मेरे आँखों में नमी मुबारक!

तेरे हाथों में उसका हाथ मुबारक

मुझे मेरे हाथों में तेरे हाथों का एहसास मुबारक!

तुम रहो सदा ख़ुश तुझे खुशियाँ मुबारक

मैं ग़म की आदि हूँ मुझे मेरा ग़म मुबारक!

25. सुकून की नींद

वो सुनके मर गया जिसे मैंने अपनी दास्ताँ सुनाइ थी।

मैं फिर भी जिंदा रही यारब ये कैसी आज़माइश थी।

पी के अश्क़ों के सुमंदर को हर ज़ुल्म सहा था मैने

सहनशीलता तब मैने भी बड़ी दिखाई थी।

तड़पती थी जब मैं अपनो के ही चोटों से

हाँ साथ उस वक़्त मेरे , मेरी ही तन्हाई थी।

बड़े नाज़ों से पली थी मैं, अपने क़िस्मत पे भी बड़ा इतराई थी

बाबा की गुड़िया थी, भाई की जान, थी माँ के चेहरे पे भी रौनक़ आई थी।

छीन गया वो छत अधूरे रह गए सारे सपने अपने

ना जाने मैं कैसी क़िस्मत अपनी लिखवा कर लाई थी।

दुआ है मेरी के कोई ना दबे बोझ एहसान के तले

ये वो बद्दुआ है जो नाम मदद बोझ ऐहसान तले ख़ुदको दबा पाई थी।

बड़े बोझ थे दिल पे मेरे, आँसुओ के गिरने में भी हरजाई थी

तब पकड़ा था मैने क़लम, इसने भी सच्ची दोस्ती निभाई थी।

अपने अंदर के चीख़ को मैने समेट कर जो शब्दों के सहारे पन्नो पे उतारा था

तब सारी तड़पन, चुभन मन से थोड़ी उतरी थी हाँ उस
रात मुझे सुकून की नींद आई थी।

26. मुझे मुझसे मोहब्बत

मुझे मुझसे मोहब्बत ऐ काश एक दफ़ा हो जाए
वो होता है बेवफ़ा तो शौक़ से बेवफ़ा हो जाए।
मैं टुट्टूंगी बिखरुँगी रोऊंगी फिर ख़ुदको मना लुंगी
मतलबी इश्क़ से कह दो के वो अब दफ़ा हो जाए।
के हो जाऊँ मैं अब पाबन्द अपने रब के इबादतों की
के ऐ काश अब तो ख़ुश मुझसे मेरा ख़ुदा हो जाए।
ना दूँगी मैं किसी को भी अब एहमियत इतनी
के मेरा वजूद उसकी नज़रों में धुंआ धुंआ हो जाए।
कोई समझे मुझको ख़ुदगर्ज़ तो शौक़ से समझे
नही चाहती मैं किसी को मुझसे ग़लती से भी वफ़ा हो
जाए।

27. अधिकार को अभिशाप

अधिकार को अभिशाप में तब्दील कर
रख दिया जिस्मों के सौदागरों ने ज़लील कर।
फिर आई बात लड़कियों के ही चरित्र पर
कह गए माँ बाप के रख दिया इज़्ज़त मलिद कर।
अब भी वक़्त है सम्भल जाओ खुदको ज़रा इनसे से
बचाओ
करे कोई ऐसी हरकत नाम इश्क़ पर, दो चपेट लगाओ तुम
उसे खींच कर।

28. लौट जाना अच्छा है

सुनो के मेरा अब लौट जाना अच्छा है!
मैं मशगूल हूँ ये बहाना अच्छा है!
ना दिखे गर किसी अपने को आसुँ तो
ग़म में भी मुस्कुरा के गुज़र जाना अच्छा है!
नाज़ुक दिल को अक्सर लोग तोड़ देते हैं
फिर तो तल्ख़ी से पेश आना अच्छा है!
अपनो के लहजों की वार से ज़रा ज़ख़्मी हूँ
फिर तो मेरा पत्थर ही बन जाना अच्छा है!

29. दर्द का अब बटवारा

तेरे दर्द का अब बटवारा जो जाए
वो आधा अब हमारा हो जाए!
मेरी खुशियों पे अधिकार तुम्हारा हो जाए
चाहे भले मेरा उनसे किनारा हो जाए!
तेरी ख़ातिर तुझसे ही दूर चली जाऊंगी
मेरे बिना तेरा फिर भी गुज़ारा हो जाए!
तेरे नाम पे ही गुज़ार दूँ सारी जिंदगी अपनी
ऐ काश के इतना हक़ तो हमारा हो जाए!

30. फरियाद

मेरी तो बस इतनी सी ही फरियाद है
वो रहे ख़ुश जिसके भी साथ है।
मैं हो गई हूँ अब तन्हा इस क़दर
के मेरी परछाई भी कहाँ मेरे साथ है!
जिसके लिए कभी हम अहम हुआ करते थे
उसके दुनियां में अब कोई और ख़ास है!
हम तो उसे अपना सहारा समझ बैठें हैं
जिस पर अब किसी और का राज है!

31. एक बार फिर से

एक बार फिर से वही दोहराया गया होगा!

कर दुष्कर्म एक लड़की को जलाया गया होगा!

ना जाने वो कितना रोई गिड़गिड़ाई होगी

ना जाने उसे कितना तड़पाया गया होगा!

सोचो क्या गुज़री होगी उसके घरवालों पर

जब अपनी बेटी को झुलसा पाया होगा!

ये घटना बन वारदात की

सनसनीखेज़ खबरों में दिखाया गया होगा!

मीडिया में बहस बाज़ी हुई होगी

नेताओं ने भी थोड़ा शोक जताया होगा!

बेटी बचाओ मुद्दा फिर से उठाया गया होगा

मुजरिम तो हर बारी पकड़ा गया है

इस बार भी मुजरिम को भी पकड़ लाया गया होगा!

मुजरिम तो पकड़ लिया पर जुर्म ख़त्म करने का ख़याल

कहाँ इन्हें आया होगा!

कुछ दिन वेहश्त होगी सबके दिलों में

फिर नया घटना सामने आते ही इस बात को फिर भुलाया

गया होगा!

32. हाल ए ज़िन्दगी

अपने हाल ए ज़िन्दगी से मुकर जाऊं क्या
तेरे सामने आऊँ तो हंस के आऊं क्या!
ग़म तो ग़म है किसी को ज़्यादा तो किसी को कम है
इसका भी सदमा लिए मैं अब मर जाऊं क्या!
शम्मा जलती तो जले तुम्हें क्या एतराज़ है
अब हर जलने वाले को बुझाऊँ क्या!

33. ज़िन्दगी के उसूल

ज़िन्दगी के भी हैं अब कुछ उसूल यारों
नही मिलता कोई किसी से बे-फ़जूल यारों!
हमसे भी ना रखना हमदर्दी की उम्मीद
ये दिल तो मेरा हो गया है चकना-चूर यारों!
कहाँ गए वो बचपन की यारी वो मस्तियाँ
वो भी रोज़गार के लिए हो गए सबके-सब दूर यारों!
कौन है भला अब दर्द सुनने वाला यहाँ
सब तो हैं अपनी मजबूरियों से मजबूर यारों!
ज़ख़्मो को तुम अपने किसी को दिखाना मत
बेरहम लोग हैं छोटे से ज़ख़्म करदेंगें नासूर यारों!

34. हवा जो मचल के आई थी

वो हवा जो मचल के आई थी

ज़ुल्फ़ें मेरी जो लहराई थी

उलझी लटें जो तुमने सुलझाई थी

बताओ तुमको याद है क्या....!

बिजली जो कड़कड़ाई थी

वो बारिशें जो छम छमाई थी

साथ पी हमने चाय थी

बताओ तुमको याद है क्या....!

तुमने जो मुझसे नज़रें मिलाई थी

मैने अपनी पलके जो झुकाई थी

तेरे लबो पे शरारती मुस्कान जो आई थी

बताओ तुमको याद है क्या....!

35. वो स्त्री है

वो स्त्री है
सब सह लेगी
वो तो पुरूष है
उसे सहना नही आता
बात ज़रा कड़वी है
मगर सच है
मैं भी लड़की हूँ
गलत देख कर
मुझे चुप रहना नही आता
ज़िंदा होकर जो
कठपुतली की तरह जीती हैं
सुनो के मुझे ज़िंदालाश
बन कर रहना नही आता
सोच बदलोगे
नज़रिया ख़ुद बदल जाएगा
मुझको देख कर भी
अंधा बनना नही आता
सही मायने में वोही पुरूष है
जो स्त्री की इज़्ज़त करना जानता है।
अगर नही तो
फिर मुझे भी उनकी इज़्ज़त करना नही आता

36. आओ गे ना

मैं बा-वज़ू आवाज़ दूँगी
बोलो आओ गे ना।
मैं जब रोऊँगी तो
सीने से लगाओ गे ना।
मैं तो सिर्फ तेरी ही हूँ
मुझे तुम अपना बनाओ गे ना।
ना जाना छोड़ कर मुझको
ये वादा तो निभाओ गे ना।

37. सम्पूर्ण हिंदुस्तान

हिंदी हिन्द और ये हैं सम्पूर्ण हिंदुस्तान
हिंदी है और सदैव रहेगी भारतीयों की शान
पर क्यूँ खोता जा रहा हिंदी का अस्तित्व
कियूँ जान के बने हैं यहाँ सब अंजान!
अँग्रेज़ी को कियूँ देते उच्चतम स्थान
कियूँ करतें हैं हिंदी का अपमान!
और आज दिवस हिंदी के अवसर पे
हिंदी में देते हैं भाषण नेता जी महान!
ना करो तुम अपनी मात्र भाषा के साथ अन्याय
दो ज़ुबा हिंदी को सदैव ऊँचा स्थान!
हिंदी हिन्द और ये हैं सम्पूर्ण हिंदुस्तान
हिंदी है और सदैव रहेगी भारतीयों की शान!

38. मज़ा बारिश का

लेते हैं मज़ा
बारिश का..!
और भींगते हैं बारिश में
कुछ अश्रु को।
बहा देते हैं
बन कर बच्चा
मारते हैं
पैर अपने पानी में
छपाक से
और कीचड़ को
उड़ा देते हैं!

39. संभल जाऊँगी

वक़्त लगेगा मगर संभल जाऊँगी मैं
तेरी दुनियां से दूर बहोत जल्द जाऊँगी मैं!
तुझे अब ज़रा सी भी मोहलत ना दूंगी मैं
तेरी नज़रों से अब तुझे ही गिराउंगी मैं!
तेरे हर वादे झूठे तेरी हर बात झुठी थी
तू शय क्या है तुझे अब ये बताऊँगी मैं!
मोहब्बत देखी है तुमने मेरी जान-ए-जा
नफरत क्या है मेरी तुझे रु-ब-रु करवाउंगी मैं!

40. शिक्षक

हमे मूर्ख से महान बनाते हैं शिक्षक
हमे ज्ञान की माला पहनाते हैं शिक्षक!
जीवन का सही मार्ग बताते हैं शिक्षक
अतीत क्या है ये भी बताते हैं शिक्षक!
हम फिर भी गुण गाते हैं शिक्षक के
ज़्यादा होशियारी पे दो रेपट लगते हैं शिक्षक!
बच्चों के भविष्य को सुधारते हैं शिक्षक
कठोर बनकर नियम सिखाते हैं शिक्षक!
कभी प्यार से पीठ थपथपाते हैं शिक्षक
काले बोर्ड पे ज्ञान का सूरज उगाते हैं शिक्षक!
सत्य-असत्य का परख करवाते हैं शिक्षक
शिक्षा का सही महत्व बतलाते हैं शिक्षक!

41. मुझको बर्बाद करने वाले

ओ मुझको बर्बाद करने वाले

कियूँ मुझको फिर आबाद करने आए हो!

रूठ गईं हैं जो मुझसे धड़कने मेरी

कियूँ उनसे फिर छेड़ छाड़ करने आए हो!

पहले बोलती थी तो बहोत बुरी थी

अब ख़ामोश हूँ तो कियूँ एतराज़ करने आए हो!

कुछ भी करलो अब होगा ना असर मुझपे

फिर कियूँ मुझपे अपना वक़्त राएगाँ करने आए हो!

42. मोर मुकुट

मोर मुकुट सर पे ताने
कानो में कुंडल डाले हैं!
रंग रूप सबसे अनोखा
अद्भुत विचारो को संग लाए हैं!
माखन की बढ़ गई मिठास
माखन चुराने नन्दलाला आए हैं!
जमुना तट पे मुरली की धुन
देखो मुरली मनोहर आए हैं!
जग में खुशियां बढ़ाने
देखो कृष्ण कन्हैया आए हैं!

43. बिन मौसम बरसात

बिन मौसम हमने बरसात देखा है
हां हमने एक माँ को बहोत उदास देखा है!
जिनकी खुशियां जिनकी दुनियां उनके बच्चों से थी!
बुढ़ापे में बे-घर होते हमने आज देखा है!
बेशक़ बदल रहा है ज़माना और
बदलते उनके विचार देखा है!
मॉर्डन ज़माने में हमने लाचार होते उनके संस्कार देखा है!
एक बूढ़े माँ-बाप को वृद्धा-आश्रम के पास देखा है
नही आएगा उनका लाडला लेने उनको
टूट रही है आस.... फिर भी उनकी आँखों में इंतेज़ार देखा
है!

44. मेरी क़लम

मेरी क़लम महज़ अल्फ़ाज़ नही
मेरे जज़्बात लिखती है!
मेरे एहसासात लिखती है
कुछ बीते पल तो कुछ लम्हे उधार लिखती है!
कभी हक़ीक़त लिखती है
तो कभी ख़्वाब लिखती है!
कभी कल लिखती है
तो कभी आज लिखती है!
कभी झूठ तो कभी सच लिखती है
कभी ख़ुशी तो कभी ग़म लिखती है!
कभी दर्द को ज़ुबाँ देती है
मेरी क़लम मेरी मुक़म्मल दास्तां लिखती है!

45. ज़हर-ए-मुरुव्वत

ज़हर-ए-मुरुव्वत का घूंट अब हमें पीला दीजिये..,
चश्म-ए-काफ़िर हूँ मेरे गली मे आने से परहेज़ कीजिऐ!
मैं जो हूँ जैसी हूँ इल्तेजा है वैसी ही रहने दीजिए..,
मुझको अपने हिसाब से समझने की कोशिश ना कीजिऐ!
रास नही आते मुझे अब लोग महफिले और बेबुनियादी
बाते..,
एक काम कीजिये अपने फेहरीस्ट से मेरा नाम अब हटा
दीजिऐ!

किस बात की तफ्तीश जारी है अब भी दिल-ए-अज़ीज़..,
मेरा दिल ख़ाली है ये बात ज़रा अपने ज़ेहन से निकाल
दीजिऐ!
तेरी याद-ए-मुतवातिर का यूँ क़तार में आना..,
ओ जाने जा आपके ही तो मुरीद हैं हमपे ज़रा रहम तो
कीजिऐ!

मुनादी करदे अब कोई शहर-ए-यार में मेरा पता यारों..,
वो भूल गया तो क्या मैं मुंतज़िर हूँ उसकी कोई उसे बता
तो दीजिऐ!

46. ईश्क़ का सदक़ा

मैने अपने ईश्क़ का सदक़ा
आंसुओ से चुकाया है!
तुम महफ़ूज़ रहो सदा
मेरी ज़ुबाँ पे सुबह शाम यही दुआ आया है!
नही मालूम था ईश्क़ क्या है!
तुमसे मिलने के बाद ही
ईश्क़-के-जुनून छाया है।
हद तो देखो
तुमने हमसे फ़क़त
वक़्ती-हमदर्दी का रिश्ता निभाया है!
जब महसूस होगा तुम्हे हमारा ना होना
देर हो चुकी होगी...,इतिहास गवाह है
वक़्त जो गुज़र जाता है
भला लौट कर कब वो लाया है!

47. आगे बढ़ने लगे

मेरी आँखों के जुगनू चमकने लगे
जब हम खुद से लड़ कर आगे बढ़ने लगे ।
हौसला अफ़ज़ाई की माँ ने मेरी
हर मंज़िल क़दमो तले आके झुकने लगे ।
दुनियां दारी का भी हुनर आ गया
जब अपने ही अपनो से बग़ावत करने लगे ।
ज़ात पात से मुझको फर्क़ नही पड़ता
एकता की डोर पकड़ हम एक नई सुबह की ओर बढ़ने
लगे।

48. रूक जाओ ना

रूक जाओ ना
क्या सोच रहे हो
मैं ऐसा कहूँगी
तुम में एहसास होते
जज़्बात होते तो
शायद तुम जाने का नाम न लेते
तुम्हे क्या है
ज़िन्दगी तुम्हारी है
मर्ज़ी तुम्हारी होगी
बस इतना कहना है
तुम्हारे जाने से
कोई ख़ामोश हो जायेगा
वो ख़ामोशी
उसके पीछे की उदासी
उदासी के पीछे दर्द
उस दर्द की वजह तुम
वक़्त रहते समझते पाते
काश तुम मेरे मोहब्बत समझ पाते।

49. सच बताना

सच बताना.....,,
गुज़ारिश है तुमसे !
ऐसा आख़िर क्या हुआ..?
क्या ऐसे हालात बदल गए हैं..!
हमारी फ़िक्र तो दूर..,,
ज़िक्र तक नही करते हो..!
क्या ये थी तुम्हारी मोहब्बत..,,
जिसको तुमने इबादत का नाम दिया था !
फिर वो इबादत ही भूल गए..!!
ख़ैर छोड़ो........!!!
ज़िन्दगी तुम्हारी है..!
मर्ज़ी भी तुम्हारी ही होगी..!!
हमने तो इसे कातिब-ए-तक़दीर..,,
समझ कर कुबूल कर लिया है..!
हां अब मोहब्बत से खुदको..,,
बहोत दूर कर लिया है..!

50. मुद्दतों बाद

मुद्दतों बाद उसने अपनी तस्वीर लगाई है
लगता है कोई लड़की उसकी जिंदगी में आई है!
हमसे वफ़ा थी तुमको पेहले जानते हैं
हाँ मालूम है अब तो बस नफ़रत भर आई है!
होती है गलतियां सबसे मुझेसे भी हुई है मानते हैं
अपने गुनाहों की सज़ा हमने तुम्हे खो कर पाई है!
कोई सफाई कोई गिला भी नही कर सकते हैं
बीती बाते सोच सोच कर मेरी आँखें भर आई है!
नही मिल सकता ख़ुदा वो मुझको
कियूँ इतनी बड़ी सज़ा मुझको सुनाई है!
उसतक अपनी बात तक नही पहुंचा सकती अब
इतनी दूरिया भी मैने खुद बढ़ाई है!
एक इल्तेजा ख़ुदा तक मैने पहुंचाई है
सदा खुश रखे तुझको वो जो तेरे ज़िन्दगी में आई है!

51. हैसियत

अपनी हैसियत का आईना बना के रखती हूँ मैं!
आज जो हूँ शुक्र है, कल क्या थी वो भी याद रखती हूँ मैं!
अपनी गलतियों को पन्नों पे उतारा करती हूँ मैं!
उन्हें देख ख़ुद को सुधारा करती हूँ मैं।
हां खूबियां कम ही सही मुझमे...,,
पर खताओं से ख़ुदको अलहदा रखती हूँ मैं!
हाँ जन्नत का पता मालूम है मुझे...,,
"माँ" के कदमों तले जो शौक़ से सोती हूँ मैं!
दिल दुखाया नही कभो मैंने...,,
ख़ुद का दुखा तो आसुओ से मरहम कर लिया करती हूँ मैं!
हक़ीक़त किसी की मुझसे छुपी नही है "ज़ुबिया"
कुछ कहती नही हूँ पर सबको समझती हूँ मैं !

52. दहेज

दहेज एक गुनाह है ..!

दहेज लेने वाले अधर्मी हैं।

उनको नही करनी क्या बेटी की शादी..

क्या उनके घर पुत्री नही जन्मी है!

दहेज लेने का अजब रीत निभाते हैं..

बेटे का दाम लगते हैं वो लालची मानस कहलाते हैं !

बेचने परते हैं घर ,गिरवी रखनी पड़ती हैं यादें..

जहाँ बिटियां रानी अपना जीवन बिताती है !

बिटिया की खुशियां के लिए

पिता सब कुछ हार, खुदको बिटिया के सामने मज़बूत दिखाते हैं !

क्यूँ ना रोये वो बनकर दुल्हन भी

पिया घर जाने को पिता का घर खो कर आती है !

दहेज एक गुनाह है ..

दहेज लेने वाले अधर्मी हैं।

उनको नही करनी क्या बेटी की शादी!

क्या उनके घर पुत्री नही जन्मी है!

53. "मौजूद" नही खुदमें

"मौजूद" नही खुदमें--,,
लापता सी लगती हूँ मैं!
शायद "आज़ाद" हूँ--,,
ज़ेहनी तौर पे क़ैद लगती हूँ मैं!
"पंख" नही हैं मेरे--,,
फिर भी उड़ने की ख़्वाहिश रखती हूँ मैं!
सोचती हूँ के "बुज़दिल" हूँ क्या--?
जो बात बात पे रो देती हूँ मैं!
"डर" लगता है निकलने से बाहर--,,
घटित घटनाओ के ख़बर जो देख लेती हूँ मैं!
"ज़रूरते" पूरी हो जाती हैं--,,
ख़्वाहिशें सीने में दफ़न रखती हूं मैं!

54. हाँ मैं एक नारी हूँ!

हाँ मैं एक नारी हूँ!
मैं खुदका अभिमान हूँ!
सादगी अस्तित्व है मेरा!
फिर भी मैं रंगों का एक त्योहार हूँ!
छुई मुई सा विचलित हृदय है मेरा!
हां मैं एक पुख्ता मकान हूँ!
अनेको रूप हैं मेरे..!
कभी बेटी,बहन,बहू कभी पत्नि तो कभी माँ हूँ!
मैं सहनशीलता का दूसरा नाम हूँ!
अगर खुद पे आजाऊँ तो फिर मैं चट्टान हूँ!
अत्याचार हर बार सेह लूं ये हो नही सकता!
तब मैं माँ दुर्गा का अवतार हूँ।

55. किसके लिए

मेरे माथे की बिंदिया कहती है...,,
मैं चमकू किसके लिए!
मेरे हाथों की चुड़िया कहती हैं...,
मैं खनकु किसके लिए!
मेरी पाज़ेब भी ख़ामोश है..,,
अब उसकी छनक किसके लिए!
जब रुकना नही था तो..,,
आया ही क्यों और किसके लिए!
मेरे आंखों के आँसू जो है..,,
वो भी अब बहते हैं उसके लिए!
मेरी धड़कने भी मुझसे अब पूछती है...,
बता| मैं अब धड़कु तो किसके लिए!

56. ढूंढते हैं

इंसानों में इंसान ढूंढते हैं!
ये कौन लोग हैं जो हैवानो में ख़ुदा ढूंढते हैं!
खुदकी बेहतरी कर नही सकते!
और औरो में बेहतरी के निशा ढूंढते हैं!
खुद के किरदार पर पैबंद लगे हो कई उनको फ़र्क़ पड़ता नही!
दुसरो को तंज़ करने का बस वो ज़रिया ढूंढते हैं!
दिखावे के लिए कुछ भी करलेते हैं!
अपनो के लिए कुछ करते नही बस बहाना ढूंढते हैं!
बहोत मतलबपरस्त लोग हैं!
दुसरो की बारी आए तो पतली गली का रास्ता ढूंढते हैं!
इंसानो में इंसान ढूंढते हैं!
ये कौन लोग हैं जो हैवानो में ख़ुदा ढूंढते हैं!

57. अधूरी सी ग़ज़ल

मैं उसकी कोई अधूरी सी ग़ज़ल हूँ तो..
वो मेरी ज़िंदगी का मुक़म्मल उपन्यास सा है!
मैं उसकी शब का कोई टूटा हुआ तारा हूँ तो..
वो मेरे अंधेरो में चाँदनी रात सा है!
मैं उसके लबों की हसी हूँ अगर..
वो भी तो मेरे चेहरे की मुस्कान सा है!
हां मैं उसकी ज़मी सी हूँ अगर..
वो भी तो मेरे लिये खुला आसमान सा है!
मैं गर उसकी खुशनुमा सी दुनिया हूँ तो..
वो भी तो मेरे लिये मुक़म्मल क़ायनात सा है।

58. धूल भरे रास्तों पर

धूल भरे रास्तों पर चलकर..
मंज़िल का सफर तये करना है मुझे।
अंधेरो में रख्खा गया मुझको..
अंधेरों को रौशनी से भगाना है मुझे।
जो समझते हैं कमज़ोर हूँ मैं..
उनको हक़ीक़त से रु-बा-रु करवाना है मुझे।
ठोकरे तो सब खाते हैं राहो में..
फिर से सँभल के दिखाना है मुझे।
हां थोड़ी कड़वी है बोल मेरी..
बस झूठ की चाशनी से खुदको बचाना है मुझे।

59. पापा

हमारी जो हस्ती है
है वो,, पापा आपके होने से।
हमारे सर पे जो छत है
है वो,, पापा आपके होने से।
रातो को जो बेफ़िक्री की नींद सोते हैं
हां बस,, पापा आपके होने से।
करते हैं जो फ़रमाइश और ज़िद
हां बस,, पापा आपके होने से।
दुनियां बहोत मतलबी है बाबा
डर लगता था पापा आपको खोने से।
अब रोते भी हैं तो कोई तसल्ली देता नहीं
अब रूठ जाते हैं उस रब के रब होने से।

60. ग़मो के समुन्दर

"ग़मो" के "समुन्दर" में,,,,,,
हम हौसले की कश्ती लेकर निकले,,
लोगों के तानों की आंधियो ने कश्ती
डगमगाने की बहोत कोशिश की,,,,,
पर हमने उम्मीद की चप्पू मारना नही छोड़ा,,
और खुशियों के साहिल तक पहुंच के दम लिया।